COLLECTION

DE FEU

M. Louis Baudouin

PARIS — 1913

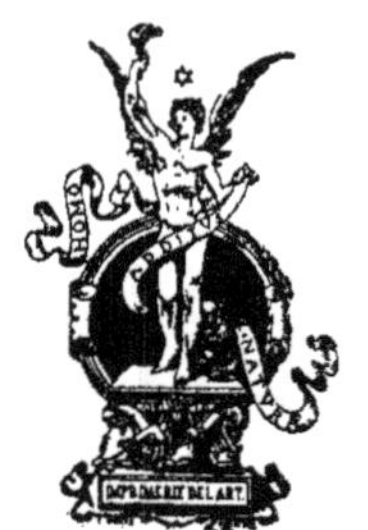
IMPRIMERIE DE L'ART

COLLECTION

DE FEU

M. Louis BAUDOUIN

CATALOGUE

DES

TABLEAUX MODERNES

Par :

BAIL, BOUCHÉ, BOUDIN, DAUBIGNY, DIAZ, J. DUPRÉ, FANTIN-LATOUR
H. HARPIGNIES, HENNER
ISABEY, CH. JACQUE, JONGKIND, VOLLON, ZIEM, ZUBER, ETC.

FUSAIN PAR LHERMITTE

Composant la Collection

DE FEU

M. Louis BAUDOUIN

Et dont la Vente, par suite de son Décès, aura lieu à Paris

HOTEL DROUOT, SALLE N° 6

LE JEUDI 8 MAI 1913

à deux heures

COMMISSAIRE-PRISEUR	EXPERTS
M° HENRI BAUDOIN	**MM. ARNOLD & TRIPP**
Successeur de M. PAUL CHEVALLIER	8, rue Saint-Georges
10, rue de la Grange-Batelière	PARIS

EXPOSITIONS SALLES 5 ET 6

PARTICULIÈRE : *Le Mardi 6 Mai 1913.* . . . . } DE 1 HEURE 1/2
PUBLIQUE : *Le Mercredi 7 Mai 1913.* . . . . } A 6 HEURES

CONDITIONS DE LA VENTE

Elle sera faite au comptant.

Les adjudicataires paieront *dix pour cent* en sus des enchères.

Paris — Imp. de l'Art, Ch. Berger, 41, rue de la Victoire.

DÉSIGNATION

Tableaux et Fusain

BAIL
(JOSEPH)

1 — *Le Marmiton.*

Dans un soubassement voisin d'une cuisine, un jeune marmiton, en veste rouge et tablier blanc, entouré de divers ustensiles de cuivre, et accoudé à un billot, regarde, attentivement et non sans satisfaction, une bassine de cuivre qu'il vient de récurer.

Signé à gauche.

Toile Haut., 22 cent.; larg., 26 cent.

BAIL
(JOSEPH)

2 — *L'Enfant de chœur.*

Debout près d'une table chargée de fleurs, un enfant de chœur en soutane et pèlerine rouge sous laquelle descend un surplis blanc et brodé, tient de la main gauche une corbeille recouverte d'une serviette contenant une brioche de pain bénit ; de sa main droite, il porte trois encensoirs de cuivre doré.

Signé à droite.

Toile. Haut., 60 cent. 1/2 ; larg., 46 cent.

BONVIN
(FRANÇOIS)

3 — *La Servante.*

En bonnet blanc, corsage rouge, jupe grise rayée avec tablier, elle est assise dans une cuisine, près d'une table recouverte d'une nappe ; elle tient sur ses genoux un moulin à café dont elle examine le tiroir.

Signé en haut à droite et daté : *1883.*

Panneau. Haut., 24 cent. ; larg., 18 cent.

BOUCHÉ
(ALEXANDRE)

4 — *Gardeuse de moutons à Messy.*

Sous la conduite d'une paysanne, un troupeau de moutons broute l'herbe d'une prairie ; à demi-cachées par des plis de terrain et des arbres, on aperçoit deux ou trois maisons.

Signé à droite et daté : *1903.*

Toile. Haut., 32 cent. 1/2 ; larg., 40 cent. 1/2.

BOUCHÉ
(ALEXANDRE)

5 — *La Place du village.*

De petites maisons aux toits brunis entremêlées de deux ou trois gros arbres forment une place circulaire où passe un chemin. Derrière les maisons, une côte au haut de laquelle on aperçoit un autre village.

Signé à droite et daté : *1901.*

Toile. Haut., 36 cent. 1/2 ; larg., 47 cent.

BOUCHÉ
(ALEXANDRE)

6 — *La Plaine.*

Dans cette plaine où l'herbe verte pousse à travers des terrains rouges, broute un troupeau de moutons conduit par un berger. Des meules de blé occupent l'extrémité d'un champ ; à demi-cachés par des arbres émergent les toits bruns de plusieurs maisons d'un village. Ciel nuageux, gris et bleu.

Signé à droite et daté : *1904.*

Toile. Haut.. 38 cent.; larg., 46 cent.

BOUCHÉ
(ALEXANDRE)

7 — *Bords de Marne.*

La rivière coule encaissée par de vertes prairies ; dans un bateau est assis un pêcheur à la ligne ; sur le chemin, tout proche, des chevaux de labour marchant lentement. Au fond, le commencement d'une forêt formé d'arbres aux feuillages diversement nuancés. Ciel gris.

Signé à gauche.

Toile. Haut.. 38 cent.; larg.. 46 cent.

BOUCHÉ
(ALEXANDRE)

8 — *La Moisson.*

Par une claire journée d'été, des moissonneurs, dans un champ, sont en train de charger sur une voiture attelée de trois chevaux des gerbes de blé ; tout à l'entour du champ, des arbres d'un beau vert, et, au bas d'une petite montagne, deux ou trois maisonnettes enfonies dans la verdure.

Signé à gauche et daté : *1904*.

Toile. Haut., 38 cent.; larg., 55 cent.

BOUCHÉ
(ALEXANDRE)

9 — *La Rentrée des moutons.*

Sous un ciel chargé de nuages assez épais, sombres, mais illuminés çà et là des lueurs rouges d'un soleil couchant, un troupeau de moutons, conduit par une bergère, se dirige vers une ferme que domine un bâtiment au toit élevé et qui doit être la maison du maître.

Signé à droite et daté : *1902*.

Toile. Haut., 43 cent. 1/2; larg., 5 cent.

BOUCHÉ

(ALEXANDRE)

10 — *Sortie de moutons à Luzancy.*

Devant la porte cochère d'une ferme, une paysanne tenant un enfant sur ses bras regarde s'éloigner un troupeau de moutons qui remonte la rue d'un village. Ciel gris nuageux.

Signé à droite et daté : *1904.*

Toile. Haut., 49 cent.; larg., 65 cent.

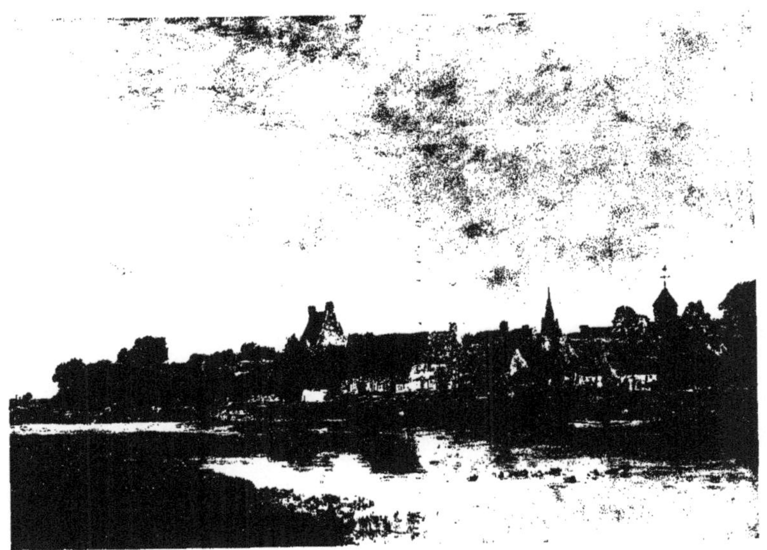

N° 22 — Le Bourg de Touques (Calvados).

ALEXANDRE BOUCHE

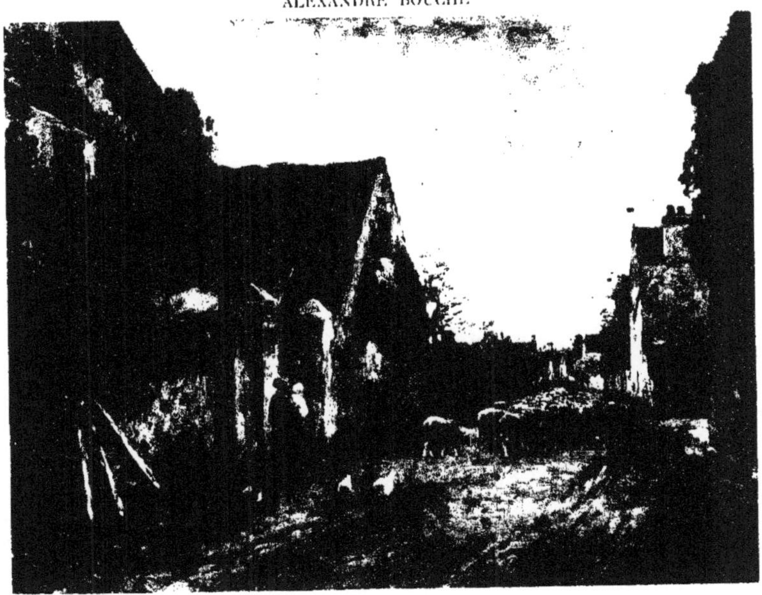

N° 10. — Sortie de Moutons à Luzancy.

BOUCHÉ
(ALEXANDRE)

11 — *Rentrée du troupeau.*

Sur une route qui descend à travers des prés, un berger ramène un troupeau de moutons que précède une vache. A la gauche du chemin, on aperçoit plusieurs maisons du village.

Signé à gauche et daté : *1898.*

Toile. Haut., 46 cent.; larg,, 65 cent.

BOUCHÉ
(ALEXANDRE)

12 — *La Laveuse.*

Près d'un étang entouré d'une large prairie qui va rejoindre une colline boisée, une femme se penchant sur le bord d'un bateau semble laver du linge.

Signé à droite et daté : *1903.*

Toile. Haut., 62 cent.; larg., 81 cent.

BOUCHÉ
(ALEXANDRE)

13 — *L'Étang.*

Des saules et des peupliers, formant rideau de verdure, bordent un étang qu'entoure une prairie, et près duquel une paysanne penchée y plonge le linge qu'elle a apporté.

Signé à droite.

Toile. Haut., 62 cent.; larg., 81 cent.

BOUDIN
(EUGÈNE)

14 — *Bateaux à marée basse.*

Des bateaux, où se dressent de hauts mâts traversés par des vergues, stationnent près d'une plage d'où la mer s'est éloignée; ciel gris mouvementé.

Signé à gauche.

Panneau. Haut., 27 cent.; larg., 21 cent. 1/2.

BOUDIN
(EUGÈNE)

15 — *Le Pont de Deauville.*

Un pont à trois arches sous lequel coule la
Touques ; plusieurs barques sont attachées au rivage ; sur le pont passent des piétons et des voitures ;
à gauche, des arbres et des maisons. Grand ciel gris
et léger.

Signé à droite et daté : 94.

Panneau. Haut , 27 cent.; larg., 41 cent.

BOUDIN
(EUGÈNE)

16 — *Sortie des barques à Trouville.*

Une flottille de huit barques à voiles, s'éloignant
du phare, remonte vers la haute mer qu'enveloppe
de ses nuages blancs un grand ciel gris.

Signé à gauche et daté : *1894.*

Panneau. Haut., 37 cent.; larg., 46 cent.

(A figuré à l'Exposition à l'École des Beaux-Arts, 1899.)

BOUDIN
(EUGÈNE)

17 — *Le Port de Fécamp.*

Quatre grands bateaux aux mâts élevés, dont les vergues soutiennent les voiles repliées, stationnent près du port ; sur l'eau tranquille s'éloigne une barque contenant plusieurs passagers ; grand ciel bleu traversé de légers nuages.

Signé à droite et daté : *1892.*

Panneau. Haut., 37 cent. 1/2 ; larg., 46 cent.

BOUDIN
(EUGÈNE)

18 — *Le Bassin du Commerce, au Havre.*

Des bateaux à voiles mouillent le long du quai ; derrière, on aperçoit des maisons formant un large cercle ; grand ciel aux tons pâlis.

Signé à gauche et daté : *1894.*

Panneau. Haut., 37 cent. 1/2 ; larg., 46 cent.

BOUDIN
(EUGÈNE)

19 — *Un Canal à Venise.*

Au-dessus du canal, le long duquel sont arrêtés de
nombreux bateaux, un pont de briques rouges, fai-
sant une large courbe, passe d'une rive à l'autre. De
chaque côté, de hautes maisons multicolores, la tour
d'une église et des arbres.

Signé à droite et daté : *1895.*

Panneau. Haut., 46 cent.; larg., 37 cent. 1/2.

BOUDIN
(EUGÈNE)

**20 — *La Seine à Rouen, la Côte Sainte-
Catherine.***

Sur la rive droite du fleuve, des usines à hautes
cheminées entourées d'arbres; puis un pont à deux
arches, qui mène vers la rive gauche, où s'élèvent
des peupliers et plusieurs maisons; derrière, la côte
escarpée de Sainte-Catherine. Sur l'eau calme, un
chaland qui stationne et des petits bateaux qui cir-
culent.

Signé à gauche et daté : *1895.*

Toile. Haut., 40 cent.; larg., 55 cent.

BOUDIN
(EUGÈNE)

21 — *Les Rochers de l'Ilet et les for-
tifications d'Antibes.*

La mer bleue, battant de l'écume de ses flots des
rochers assez nombreux, baigne tranquillement le
pied des murailles d'où s'élèvent deux vieilles tours ;
collines lointaines un peu effacées dans la brume ;
ciel élevé, nuageux et gris.

Signé à droite et daté : *1892.*

Toile. Haut., 40 cent.; larg., 55 cent.

(A figuré à l'Exposition à l'École des Beaux-Arts, 1899.)

BOUDIN
(EUGÈNE)

22 — *Le Bourg de Touques (Calvados.)*

Le long de la rivière s'étalent quelques modestes maisons, aux toits rouges et bruns, dominées par deux clochers et le pignon d'une demeure bourgeoise au toit couvert d'ardoises ; ciel traversé de nuages légers.

Signé à droite et daté : *1893.*

Toile. **Haut.**, 46 cent.; larg., 65 cent.

(*A figuré à l'Exposition à l'Ecole des Beaux-Arts, 1899.*)

BOUDIN
(EUGÈNE)

23 — *Environs de la Touques.*

Sur la rive verdoyante de la Touques, des maisons et des arbres s'étendent en un assez long espace, éclairés des reflets d'un ciel gris bleu et nuageux.

Signé à droite et daté : *1893.*

Toile. Haut., 50 cent.; larg., 74 cent.

BROWN
(JOHN-LEWIS)

24 — *Cavaliers, le gué.*

Deux cavaliers, dont les épaules portent un cor de chasse, l'un vêtu de jaune, l'autre de rouge, montant un cheval blanc et un cheval noir, suivis d'un piqueur, viennent de traverser un gué ; l'un d'eux semble, du bout de sa cravache, indiquer à celui qui l'accompagne quelque chose au loin dans le paysage.

Signé à droite.

Panneau. Haut., 16 cent.; larg., 21 cent. 1/2.

CLAUDE
(EUGÈNE)

25 — *Vase dé fleurs.*

Signé à droite et daté : 67.

Toile. Haut., 55 cent. ; larg., 40 cent.

COCK
(CÉSAR DE)

26 — *Paysage boisé,*

Avec un étang sur lequel on voit des pêcheurs
à la ligne dans une barque.

Signé à gauche et daté : 1869.

Toile. Haut., 43 cent. ; larg., 63 cent.

DAUBIGNY

(CH.-F.)

27 — *Bords de l'Oise.*

Étendue et calme, la rivière reflète dans ses eaux
les troncs et les feuillages des arbres qui l'avoisinent ; des nuages blancs et gris, assez épais, courent
sous un ciel sombre.

Signé à gauche.

Gravé par LALANNE.

Panneau. Haut., 39 cent.; larg., 67 cent.

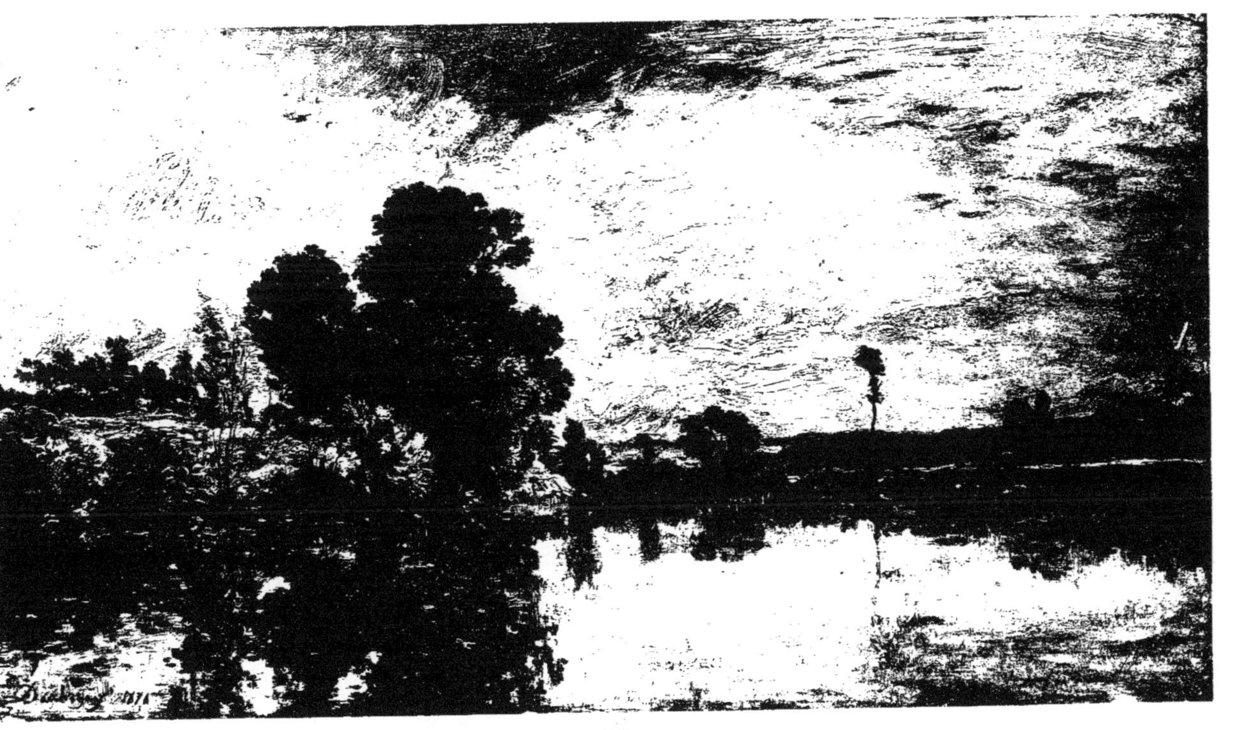

N° 27. — Bords de l'Oise.

DIAZ DE LA PENA
(NARCISSE)

28 — *La Littérature. (Allégorie.)*

Une jeune femme, en costume blanc et bleu, assise dans un bois au pied d'un grand arbre, ayant à côté d'elle des enfants nus, dont l'un, ailé, écrit sur un registre ; un autre écoute en la regardant ; elle semble leur faire une leçon.

Signé à gauche.

Panneau. Haut., 22 cent.: larg., 15 cent.

DUPRÉ

(JULES)

29 — *La Mare*.

Dans une prairie d'où s'élèvent des arbres aux branches noires et tordues, s'étend, voisine d'une étable, une mare où trois vaches sont en train de boire. A l'horizon, une ligne de légères collines ; ciel bleu aux nuages blancs.

Signé à gauche.

Toile. Haut., 38 cent ; larg., 46 cent.

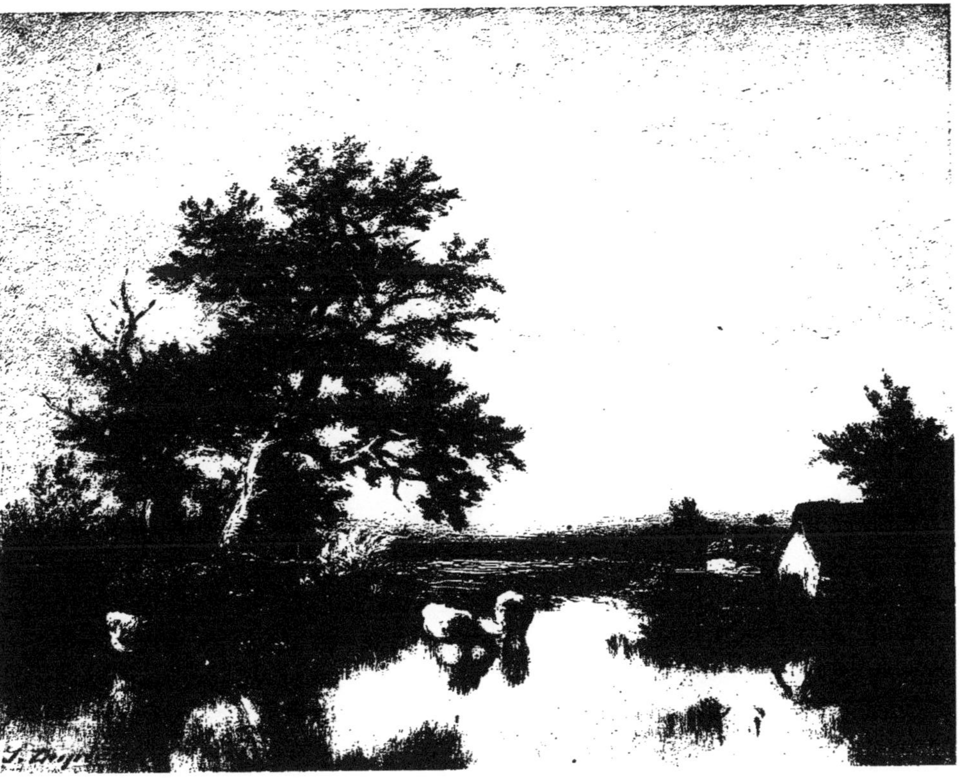

N° 29. — *La Mare.*

FANTIN-LATOUR
(HENRI)

3o — *Jeune Femme vue de dos.*

Cachée par des arbres aux feuillages épais, une jeune femme blonde, vue de dos, regarde à travers les branches comme si elle craignait d'être surprise au moment de laisser tomber les vêtements qui la couvrent encore.

Signé à gauche.

Toile. Haut., 33 cent.; larg., 25 cent.

FANTIN-LATOUR
(HENRI)

3t — *Vénus et l'Amour.*

Dans un bosquet, assise sur l'herbe et à demi-vêtue d'étoffes blanches et rouges, Vénus tient un carquois en regardant l'Amour enfant qui, déjà armé de son arc, tend la main gauche pour saisir le carquois que sa mère va lui remettre.

Signé à gauche.

Toile. Haut., 25 cent. 1/2; larg., 33 cent. 1/2.

FANTIN-LATOUR
(HENRI)

32 — *Le Réveil.*

Étendue sur une sorte de canapé couvert de coussins blancs, une jeune femme accoudée à un de ces coussins soulève de son bras droit un grand rideau rouge et découvre ainsi une lointaine perspective formée par un paysage, qui se termine à l'horizon dans des nuages grisâtres.

Signé à droite.

Toile. Haut., 26 cent.; larg. 33 cent. 1/2.

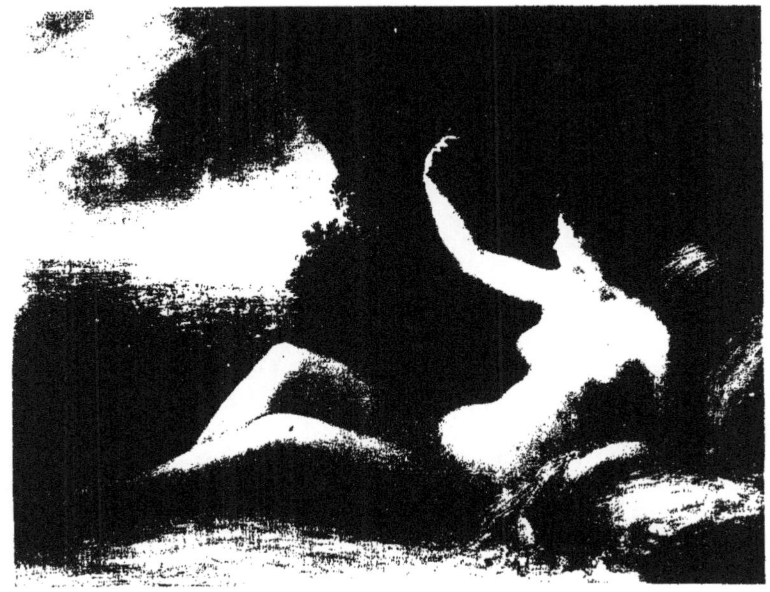

No 32. — Le Réveil.

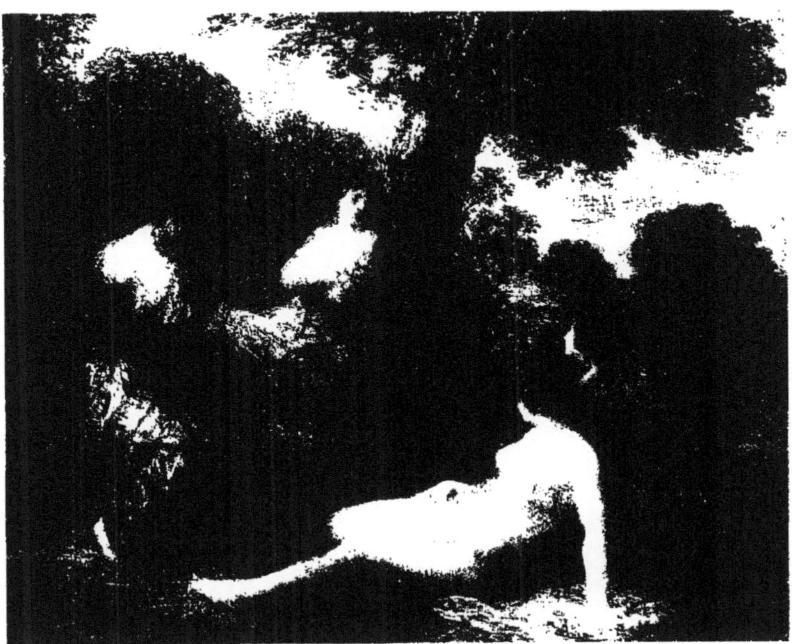

No 33. — La Causerie.

FANTIN-LATOUR
(HENRI)

33 — *La Causerie.*

Dans un coin retiré de forêt, à l'ombre de grands chênes, près d'un ruisseau, deux jeunes femmes qui semblent sortir d'un bain sont étendues sur l'herbe. Elles causent avec une autre jeune femme, vêtue d'une robe jaune, qui, les bras croisés sur sa poitrine, s'adosse à un gros arbre. Devant elle, une femme, jeune aussi et en robe rouge, assise sur un tronc coupé, serre les cordes d'une mandoline.

Signé à gauche.

Toile. Haut., 33 cent.; larg., 41 cent.

FANTIN-LATOUR
(HENRI)

34 — *La Toilette.*

A la droite et à la gauche d'une jeune femme à
demi-couverte d'un léger peignoir blanc, et assise,
se tiennent trois femmes qui l'aident à sa toilette.
L'une d'elles, vêtue de noir et presque agenouillée,
lui tend un écrin où elle choisit des bijoux; une
autre, debout, en robe rouge, lui pose une fleur dans
les cheveux, et la troisième, en robe rouge aussi, lui
essuie les pieds. Deux autres femmes, debout, l'une
vue de dos, lui apporte une robe de velours vert,
la seconde lui présente un plateau sur lequel est
placé un déjeuner du matin.

Signé à gauche.

Toile. Haut., 46 cent.; larg , 55 cent. 1/2.

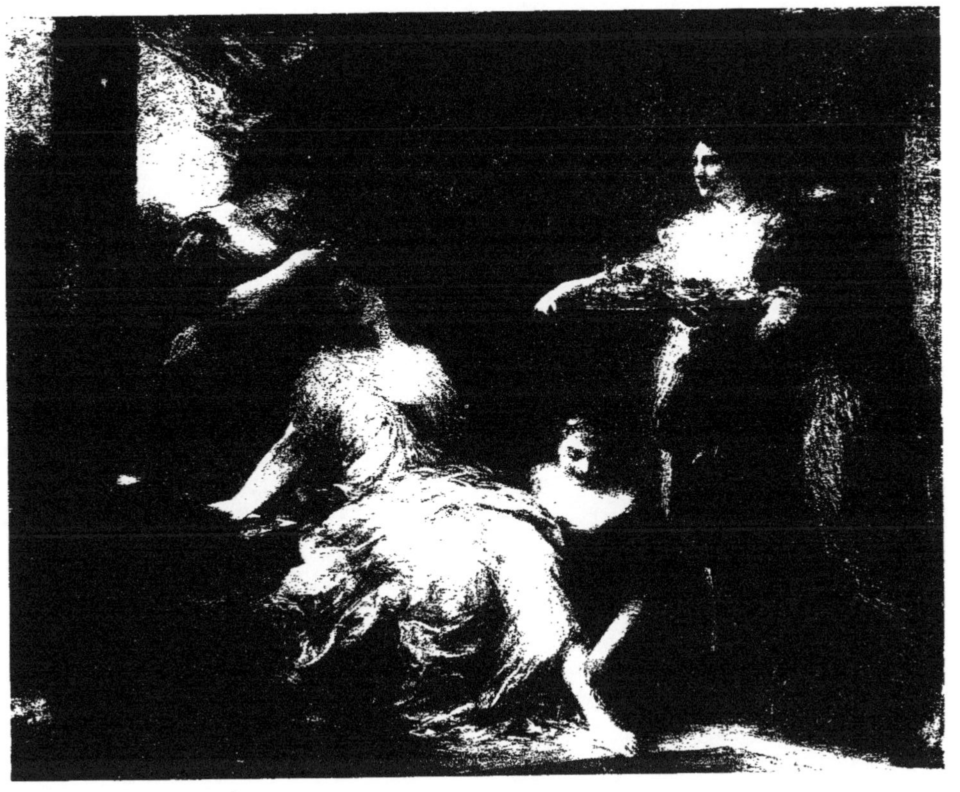

Nº 34. — La Toilette.

FANTIN-LATOUR
(HENRI)

35 — *La Confidence.*

Dans un bois assez touffu, une jeune femme blonde, vêtue d'une légère robe blanche et assise sur un tertre, écoute une amie, autre jeune femme brune, agenouillée près d'elle, et qui paraît sortir d'un bain.

Signé à droite.

Toile. Haut. 46 cent.; larg., 55 cent.

GAGLIARDINI
(GUSTAVE)

36 — *Antibes, les Alpes.*

Signé à droite.

Panneau. Haut., 27 cent.; larg., 41 cent.

GAGLIARDINI
(GUSTAVE)

37 — *Le Triage des moules, côtes de Provence.*

Signé à droite.

Panneau. Haut., 27 cent.; larg., 41 cent.

GAGLIARDINI
(GUSTAVE)

38 — *Le Port de Savone.*

Signé à droite.

Panneau. Haut.; 32 cent. 1/2; larg., 46 cent.

(*Etude du Salon, 1904.*)

GAGLIARDINI
(GUSTAVE)

39 — *Antibes.*

Signé à droite.

Panneau. Haut., 38 cent.; larg., 55 cen¹,

GAGLIARDINI
(GUSTAVE)

40 — *Rue de village en Provence.*

Signé à droite.

Toile. Haut., 38 cent.; larg., 54 cent.

GAGLIARDINI
(GUSTAVE)

41 — *Les Pins à Antibes.*

Signé à droite.

Toile. Haut., 38 cent.; larg., 54 cent.

GEGERFELT
(WILHELM DE)

42 —- *Paysage en Hollande.*

Moulin et rivière ; en face, les maisons d'une petite ville avec son église.

Signé à droite et daté : 1875.

Panneau. Haut., 41 cent.; larg., 62 cent.

HARPIGNIES
(HENRI)

43 — *Bords de la Sarthe.*

De chaque côté de la rivière s'élèvent, entourant des rochers gris, des arbres d'un vert foncé ; à la surface de l'eau se reflète un ciel doré par les rayons d'un soleil couchant.

Signé à gauche et daté : *91.*

Toile. Haut., 27 cent.; larg., 31 cent.

HARPIGNIES
(HENRI)

44 — *Dans la Garenne, à Clisson.*

A gauche, un fort bouquet d'arbres dont les frondaisons arrondies s'étagent les unes sur les autres ; à droite, une lointaine perspective de coteaux au pied desquels coule une étroite rivière. Ciel bleu et doux.

Signé à gauche et daté : *1895.*

Toile. Haut., 29 cent.; larg., 43 cent. 1/2.

HARPIGNIES
(HENRI)

45 — *Bords de la Loire, à Bonny.*

Au-dessus d'une pointe de terrain couverte d'herbes vertes, un chêne magnifique étale majestueusement ses branches et son feuillage. En face, un monticule un peu aride ; à gauche, des rochers gris parmi lesquels ont poussé des arbres.

Signé à gauche et daté : *1895.*

Toile. Haut., 29 cent. ; larg., 43 cent. 1/2.

HARPIGNIES
(HENRI)

46 — *Lisière de bois.*

Des bouleaux et d'autres arbres se dressent en avant d'une forêt, le long d'une prairie toute parsemée de têtes blanches d'eupatoires.

Signé à gauche et daté : *91.*

Toile. Haut., 45 cent. 1/2 ; larg., 31 cent. 1/2.

HARPIGNIES
(HENRI)

47 — *Sortie de bois.*

Un petit sentier, serpentant dans une prairie, va
se perdre dans une vallée en suivant la lisière d'un
bois formée de bouleaux et d'autres arbres aux
épais feuillages.

Signé à gauche et daté : *1891.*

Toile. Haut., 40 cent. 1/2 ; larg., 33 cent.

HARPIGNIES
(HENRI)

48 — *Les Loups, près Bonny-sur-Loire.*

La Loire, dont les eaux se promènent entre des
bancs de sable, est bordée de chaque côté par des
prairies s'étendant en longueur. Le long de ces
prairies des bouleaux, des saules et des peupliers.

Signé à gauche et daté : *1892.*

Toile. Haut., 40 cent. ; larg., 31 cent.

(Étude pour le tableau du Salon, 1893.)

HARPIGNIES
(HENRI)

49 — *Réservoir du moulin Colas, à Saint-Privé.*

Des arbres aux feuillages légers verts et jaunes, espacés les uns des autres, entourent une large pièce d'eau. Sur la droite, une maison presque en ruine et, à gauche, d'autres maisons au commencement d'un village. Ciel clair.

Signé à gauche.

Toile. Haut., 32 cent. 1/2; larg., 44 cent.

HARPIGNIES
(HENRI)

50 — *La Loire.*

Sur un monticule, à droite, un beau bouquet d'arbres ; au-dessous de ce monticule auquel est attaché un bateau vide, coule lentement la Loire qui reflète à sa surface les lueurs blanches du ciel.

Signé à droite et daté : *1893.*

Toile. Haut., 28 cent. 1/2; larg., 46 cent.

HARPIGNIES

(HENRI)

51 — *Bords de la Loire.*

Un banc de sable s'étend le long d'une des rives ; de chaque côté de l'eau, des prairies qui portent de petits arbres. Au premier plan, à droite, une cabane de bois et une barrière rustique. Des nuages gris et blancs glissent sous le ciel.

Signé à gauche et daté : *1894.*

Toile. Haut., 30 cent.; larg., 47 cent.

HARPIGNIES

(HENRI)

52 — *La Voie ferrée à Saint-Privé.*

À un tournant du chemin de fer, on aperçoit de chaque côté de la voie un bouquet d'arbres ; les uns, à gauche, abritent un pont enjambant une petite rivière ; d'autres, à droite, ombragent des maisons de paysans aux toits de tuiles brunes ; ciel bleu, élevé et légèrement nuageux.

Signé à gauche et daté : *1890.*

Toile. Haut., 31 cent. 1/2 ; larg., 50 cent. 1 2.

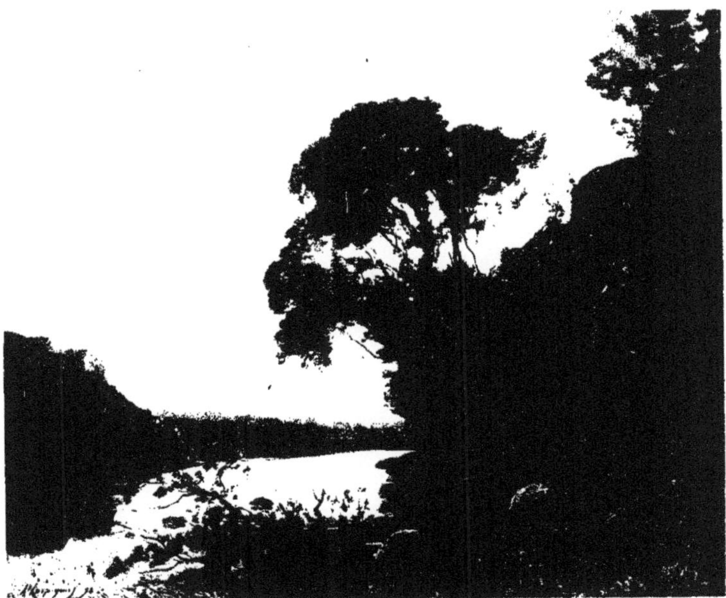

N° 56. — *Les Bords de la Sarthe.*

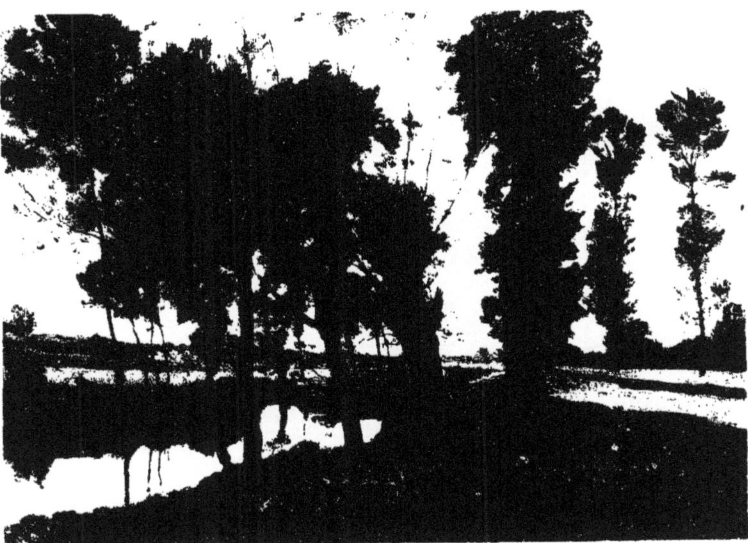

N° 53. — *Vieux saules.*

HARPIGNIES
(HENRI)

53 — *Vieux Saules. (La Prairie du père Bigault, à Saint-Privé.)*

Autour d'une mare vivement éclairée se dressent de nombreux saules et peupliers.

Signé à gauche et daté : *1890.*

Toile. Haut., 38 cent. ; larg., 55 cent.

HARPIGNIES
(HENRI)

54 — *La Loire.*

Le fleuve coule tranquillement entre deux rives couvertes d'herbes et de verdure ; çà et là, des arbres aux branches tordues profilent leurs silhouettes sur la hauteur d'un ciel gris où brillent encore les derniers feux d'un soleil couchant.

Signé à gauche et daté : *1894.*

Panneau. Haut., 33 cent.; larg., 53 cent.

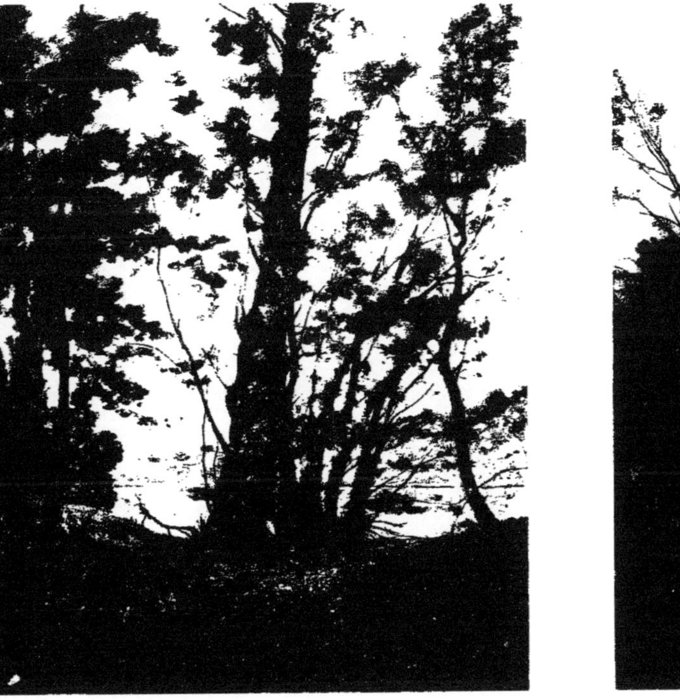

N° 57. — *La Loire à Bony.*

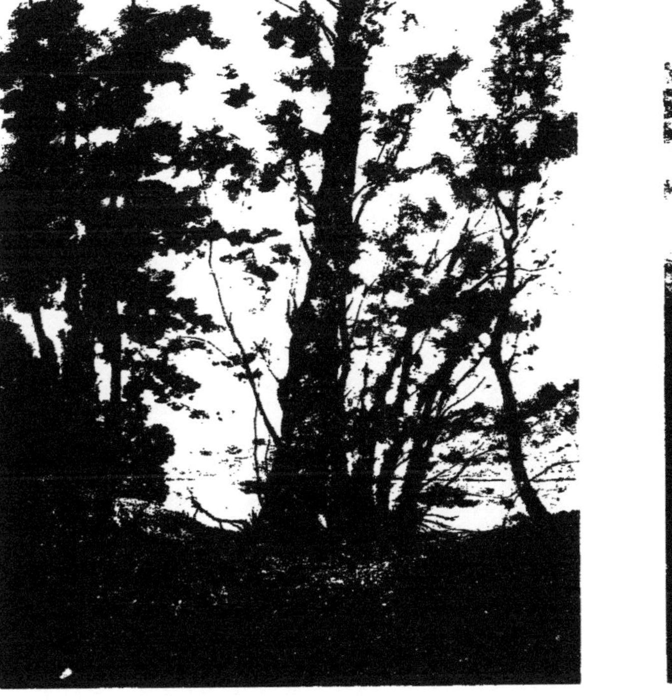

N° 55. — *Le Gave, dans les Pyrénées.*

HARPIGNIES
(HENRI)

55 — *Le Gave dans les Pyrénées.*

L'eau du gave roule rapidement entre deux montagnes; celle du premier plan est couverte de bouleaux et autres arbres aux feuillages verts et roux d'automne; ciel doux et gris.

Signé à gauche et daté : *1894*.

Toile. Haut., 55 cent.; larg., 46 cent.

HARPIGNIES
(HENRI)

56 — *Les Bords de la Sarthe.*

Sur l'un des bords de la rivière des arbres souples et légers cachent à demi des roches épaisses et grises ; sur l'autre bord, des terrains verdoyants s'étendent derrière d'autres roches grisâtres et massives.

Signé à gauche et daté : *1392.*

Toile. Haut., 50 cent.; larg., 61 cent.

HARPIGNIES
(HENRI)

57 — *La Loire à Bonny.*

Au premier plan, une prairie bordée de hauts peupliers ; au delà de la rive, une petite colline aux terres rougeâtres et un peu aride ; entre cette colline et la prairie coule paisiblement la Loire à la surface argentée. Ciel bleu sur lequel les arbres dessinent vigoureusement leurs feuillages.

Signé à gauche et daté : *1893.*

Toile. Haut., 61 cent.; larg., 50 cent. 1/2.

HARPIGNIES
(HENRI)

58 — *Environs de Sancerre (Cher).*

Sur la rive droite de la Loire se dresse un arbre magnifique dont les branches et le feuillage touffu se détachent fortement sur un ciel jauni par le soleil couchant. Sur la rive gauche, des arbres forment un petit bois; derrière, se déploie au loin une suite de collines.

Signé à gauche et daté : 1895.

Toile. Haut., 82 cent.; larg., 60 cent.

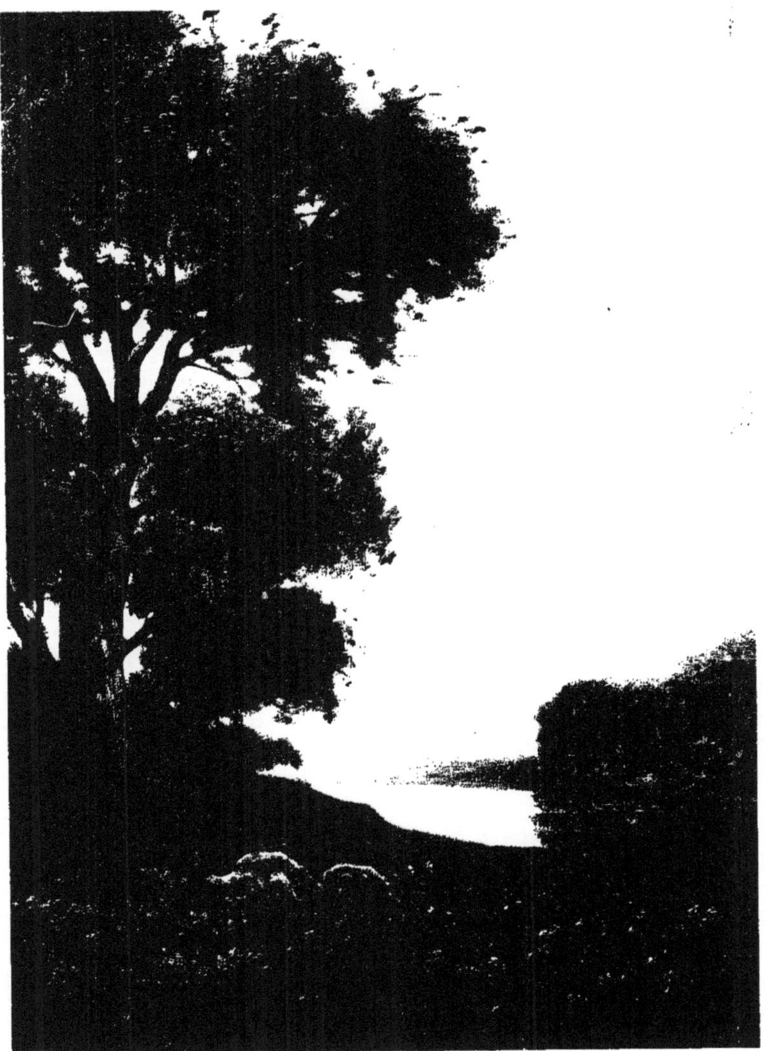

N° 58. — *Environs de Sancerre (Cher).*

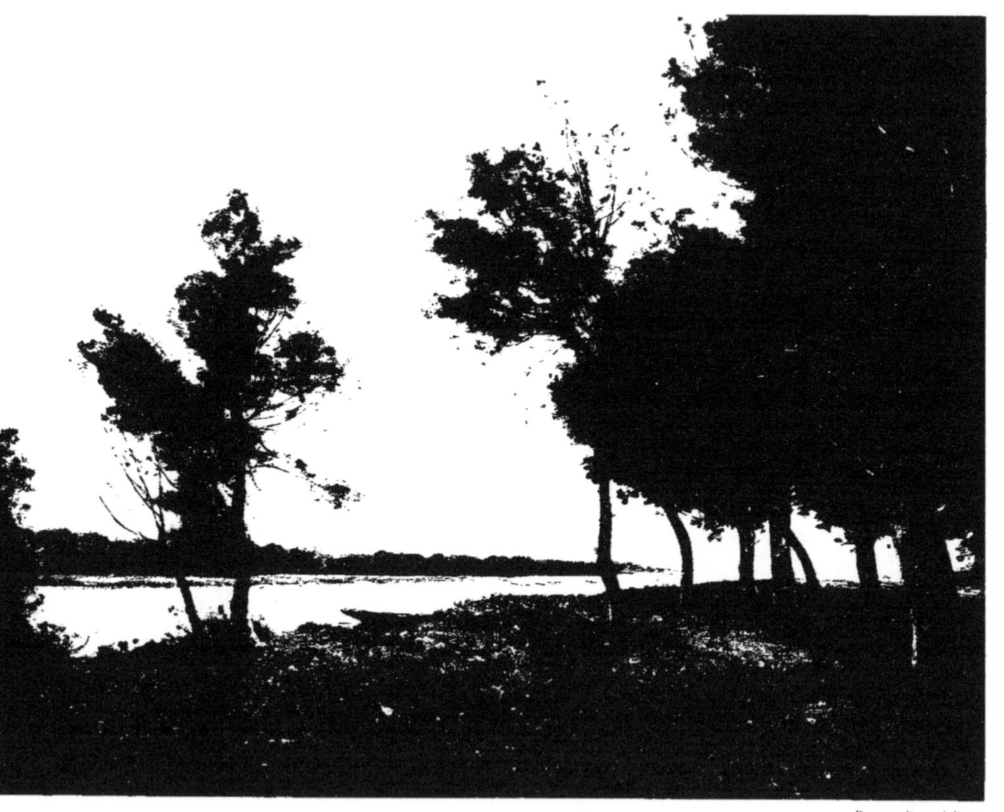

Phototypie Bertrand, Paris

N° 59. — *Bords de la Loire.*

HARPIGNIES
(HENRI)

59 — *Bords de la Loire*.

Sur une des rives, des saules sont plantés en avant de terrains formant des plis arrondis et bleuâtres ; sur l'autre rive, un bouquet d'arbres, des saules également, aux troncs minces et aux feuillages abondants.

Signé à droite et daté : *1893*.

Toile. Haut., 65 cent. 1/2; larg., 81 cent.

HENNER

(J.-J.)

60 — *Nymphe au bois.*

Jeune nymphe, nue et vue de dos, couchée sur
l'herbe dans une sombre forêt auprès d'un lac bleu;
ses cheveux rouges défaits couvrent une partie de
son épaule.

Signé à droite.

Toile. Haut., 70 cent.; larg., 1 m. 20 cent.

J.-J. HENNER

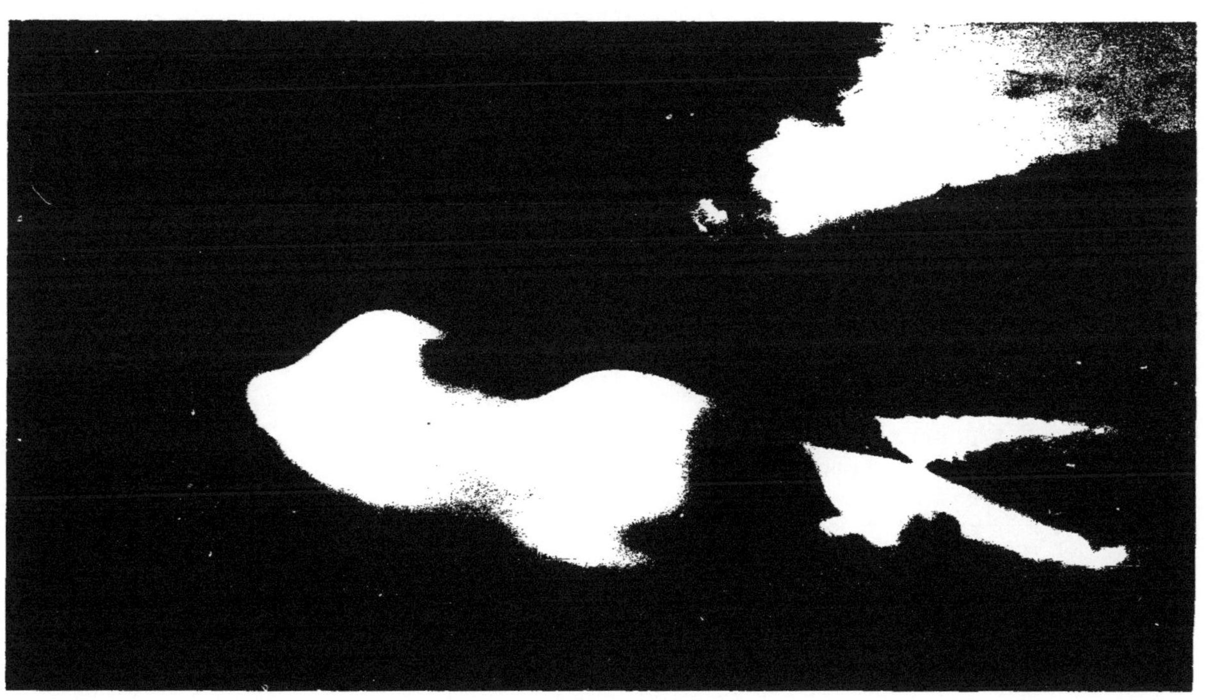

N° 60. — *Nymphe au bois.*

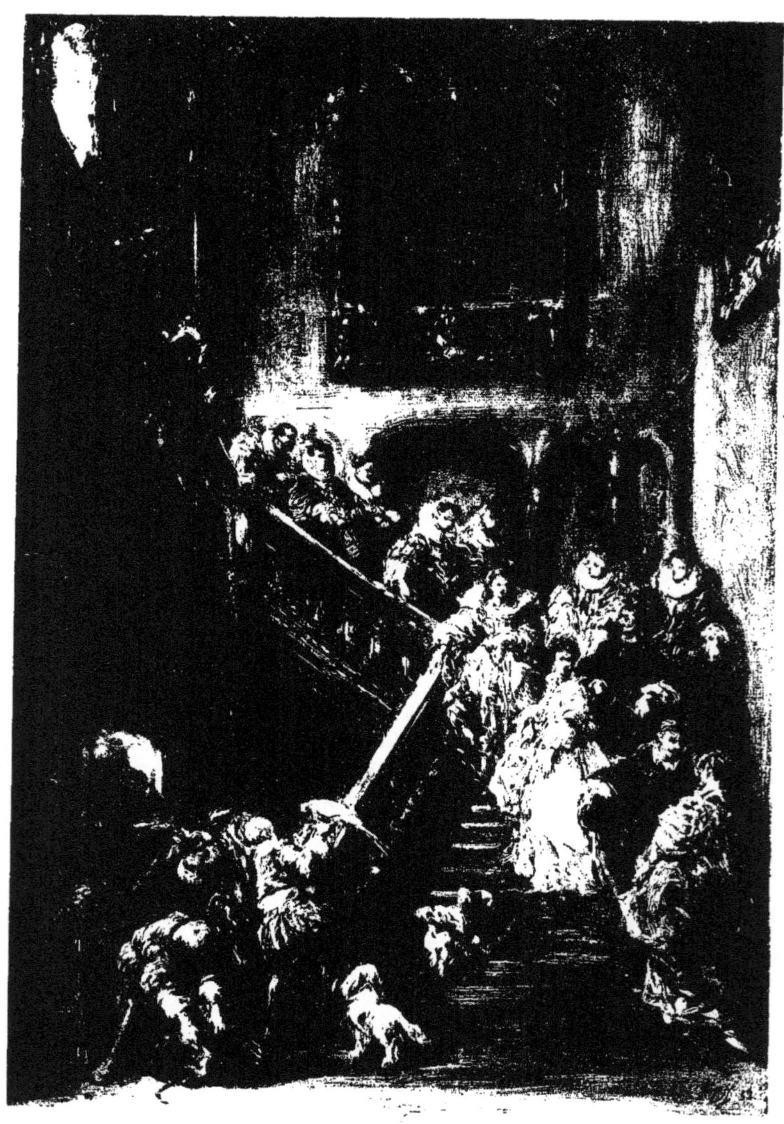

N° 61. — *L'Escalier du Château.*

ISABEY
(EUGÈNE)

61 — *L'Escalier du château.*

Sur les marches d'un large escalier, dont la rampe
en bois de chêne est soutenue par des balustres,
une nombreuse société de dames et de seigneurs, en
brillants costumes du XVI⁰ siècle, descend riant et
causant par groupes. Au bas de l'escalier attendent
des fauconniers et des chiens.

Signé à droite des initiales : *E. I.* et daté : 53.

Toile. Haut., 46 cent.; larg., 32 cent.

ISABEY

(EUGÈNE)

62 — *Marine.*

Près d'un petit port, dont les phares se dressent
en avant de deux ou trois pittoresques maisons de
pêcheurs construites en bois, trois barques viennent
amarrer pour échapper aux dangers dont les menace
une mer fortement agitée.

Signé à droite des initiales : *E. I.*

Panneau. Haut., 27 cent.; larg., 37 cent. 1/2.

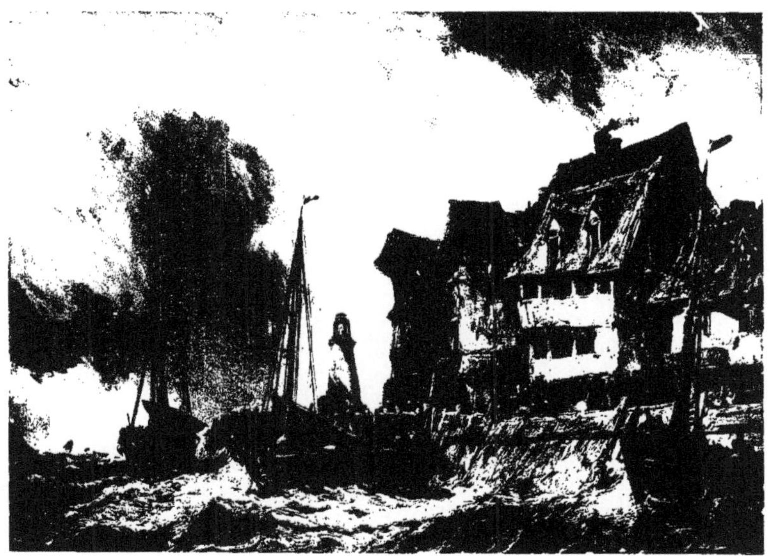

Nº 62. — Marine.

CH. JACQUE

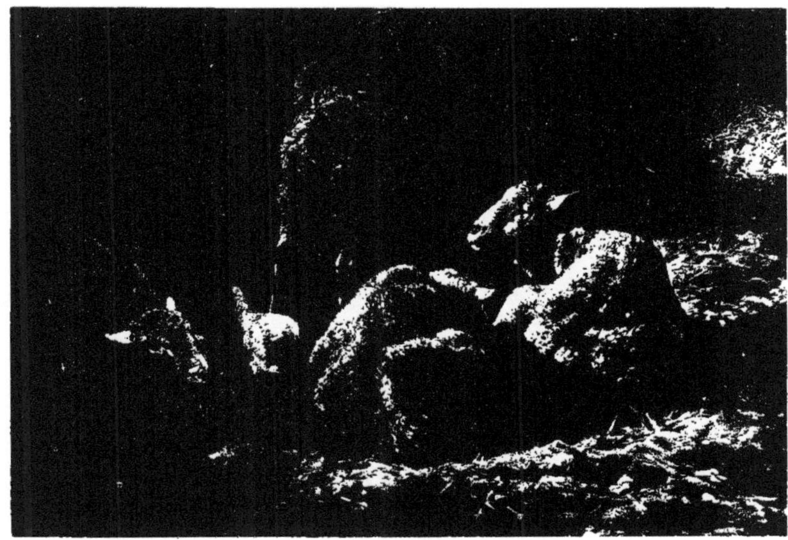

Nº 63. — Moutons a l'étable.

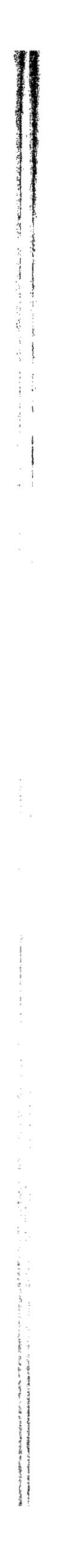

JACQUE
(CHARLES)

63 — *Moutons à l'étable.*

Tandis que l'un de ces moutons, vu de dos, mange l'herbe qui garnit le râtelier, trois autres se reposent couchés sur la paille ; une poule blanche, cherchant quelque grain, sautille en circulant autour d'eux.

Signé à gauche.

Panneau. **Haut.**, 17 cen¹.; larg., 25 cent.

JACQUE
(CHARLES)

64 — *Poule et Coq. Inquiétude.*

Un coq à crête rouge, au plumage jaune, est accroupi sur la paille ; auprès de lui, une poule grise dans la même position ; la tête levée, l'œil ouvert, ils semblent écouter attentivement un bruit du dehors.

Signé à gauche en haut.

Panneau. Haut., 12 cent.; larg., 20 cent. 1/2.

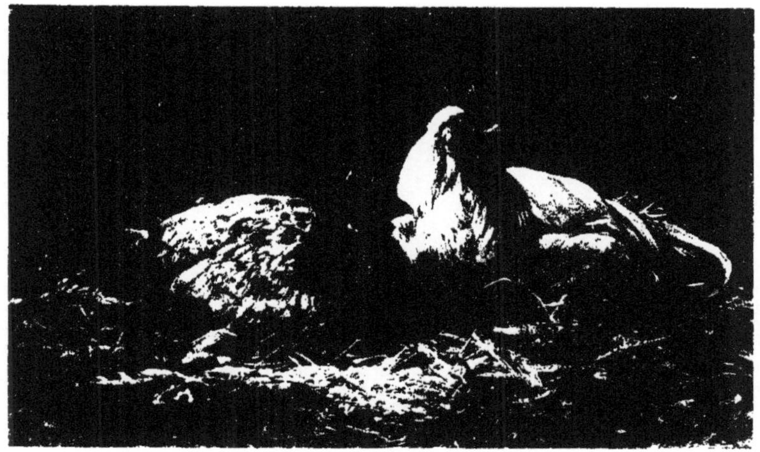

Nº 64. — *Poule et Coq (Inquiétude)*.

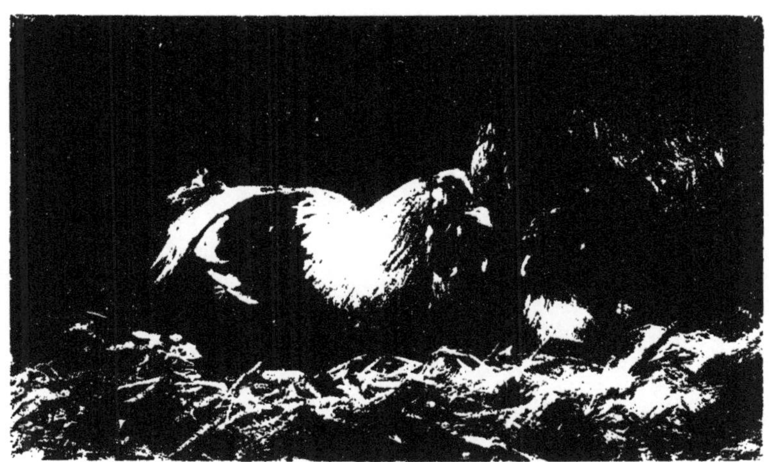

Nº 65. — *Poule et Coq (Quiétude)*

JACQUE
(CHARLES)

65 — *Poule et Coq. Quiétude.*

Les deux volailles, au plumage jaune et brun, se reposent sur la paille de leur poulailler.

Signé à gauche en haut.

Panneau. Haut., 12 cent.; larg., 20 cent. 1/2.

JACQUET
(GUSTAVE)

66 — *Tête de Jeune Fille.*

Vue de face, blonde, au teint d'une rare fraîcheur, coiffée d'un béret de velours noir, la poitrine légèrement couverte d'une chemisette blanche, elle porte sur ses épaules un manteau de velours brun.

Signé en haut, à gauche.

Panneau. Haut., 32 cent. 1/2; larg., 24 cent.

JEANNIN
(GEORGES)

67 — *Panier de Roses jaunes, rouges, blanches, entremêlées de quelques feuillages.*

Signé à gauche.

Toile. Haut , 60 cent.; larg., 73 cent

JEANNIN
(GEORGES)

68 — *Fleurs posées à terre.*

Signé à droite.

Toile. Haut., 27 cent.; larg., 35 cent.

JONGKIND
(JEAN-BARTHOLD)

69 — *Rotterdam.*

Sur la mer grise stationnent des navires à trois
mâts ; l'un d'eux porte le pavillon hollandais ; non
loin, un édifice, peut-être une douane, sur une place
plantée de quelques arbres ; ciel bleu et gris.

Signé à droite et daté : 1857.

Panneau. Haut., 21 cent. 1/2 ; larg., 26 cent. 1/2.

LAPOSTOLET
(CH.)

70 — *Marine.*

Signé à gauche.

Toile. Haut., 55 cent.; larg., 46 cent.

LHERMITTE

(LÉON)

71 — *Les Vendanges.*

Deux vendangeurs foulent le raisin dans une cuve ;
un peu en avant, une femme, que deux enfants regardent, vide son panier dans un tonneau. Plus loin,
sortant de la vigne où plusieurs femmes baissées
coupent des grappes, un vendangeur s'avance, portant deux paniers remplis.

Signé à droite.

Fusain. Haut., 37 cent.; larg., 26 cent. 1/2.

LUMINAIS

(ÉVARISTE-VITAL)

72 — *La Poursuite.*

Trois Gaulois, armés de lances et de boucliers,
debout dans un chariot de bois et accompagnés
d'autres Gaulois, traversent au galop de leurs chevaux emportés un champ sur lequel un paysan est
tombé près d'un cheval mort. Derrière ces Gaulois,
d'autres cavaliers qui courent à toutes brides à travers des rochers.

Signé à droite.

Toile. Haut., 27 cent.; larg., 35 cent.

LUMINAIS
(EVARISTE-VITAL)

73 — *Gaulois et Romains.*

Deux cavaliers romains. casqués, armés d'une lance et d'un large glaive, à la tête d'une légion qui les suit, foncent sur deux Gaulois. Montés sur un cheval blanc et sur un cheval noir, ceux-ci se défendent avec leurs lances en s'abritant de leurs boucliers ; paysage avec rivière, et gros rochers sur les bords.

Signé à gauche.

Toile. Haut., 27 cent.; larg., 35 cent.

PASINI
(ALBERT)

74 — *Retour du Marché.*

Vu de dos. monté sur un mulet et flanqué à sa droite et à sa gauche d'un panier d'osier, un paysan espagnol, coiffé d'une calotte rouge, portant une veste également rouge et une culotte bleue, traverse une route poussiéreuse, que bordent des terrains jaunes où s'accrochent des buissons et des plantes vertes.

Signé à gauche et daté : 71.

Toile. Haut., 24 cent.; larg., 19 cent.

POINTELIN
(AUGUSTE)

75 — *Paysage du Jura.*

Des pins et d'autres arbres d'un vert accentué,
massés à droite, se détachent en vigueur sur un
large pan de ciel gris blanc. En avant de ces pins,
des terrains baignés par l'eau d'un étang.

Signé à gauche.

Toile Haut., 33 cent.; larg., 41 cent.

POINTELIN
(AUGUSTE)

76 — *Paysage du Jura.*

Grande étendue de terrain sombre enfermant une
mare près de laquelle se dressent des arbres isolés
Au delà de l'horizon, un ciel gris et blanc.

Signé à gauche.

Toile. Haut., 29 cent. 1/2.; larg., 40 cent.

POINTELIN
(AUGUSTE)

77 — *Effet de soir*.

Arbres plantés les uns près des autres, mornes
d'aspect, dans une prairie assombrie par la nuit
tombante. A l'horizon, une longue étendue de terrain vert sombre. Au-dessus, un ciel illuminé par
les dernières heures du jour.

Signé à droite.

Toile. Haut., 29 cent. 1/2; larg., 44 cent. 1/2.

POINTELIN
(AUGUSTE)

78 — *Campagne, le soir*.

A gauche, des arbres disposés en massif; puis
d'autres arbres et arbrisseaux formant comme une
haie épaisse qui s'étend vers la droite. Au delà, une
ligne d'horizon grisâtre sous un ciel aux nuées
blanches et grises.

Signé à gauche

Toile. Haut., 33 cent.; larg., 41 cent. 1/2.

POINTELIN
(AUGUSTE)

79 — *Effet de soir dans la campagne.*

Signé à gauche.

Toile. Haut., 35 cent.; larg., 46 cent.

QUIGNON
(FERNAND)

80 — *La Moisson.*

Signé à gauche.

Toile. Haut., 38 cent.; larg., 55 cent.

RONDEL
(HENRI)

81 — *Figure de Jeune Femme.*

Signé à droite.

Toile. Haut., 46 cent.; larg., 38 cent.

SCHGOER
(JULI)

82 — *Sur le bord du chemin.*

Signé à gauche.

Panneau. Haut., 19 cent. 1/2; larg., 18 cent.

TEN-CATE

83 — *Le Marché à Honfleur.*

Signé à droite et daté : *1900*.

Toile. Haut., 27 cent.; larg., 34 cent.

TEN-CATE

84 — *Bateaux à marée basse (Katwyk, Hollande).*

Signé à droite et daté : *1902*.

Toile. Haut., 37 cent.; larg., 51 cent.

TEN-CATE

85 — *Canal en Hollande*.

Signé à droite et daté : *1901*.

Toile. Haut., 38 cent.; larg., 55 cent.

TEN-CATE

86 — *Le Pont-Neuf*.

Signé à droite et daté : *1900*.

Toile. Haut., 38 cent.; larg., 55 cent.

TEN-CATE

87 — *L'Ile Saint-Louis*.

Signé à droite et daté : *1900*.

Toile. Haut., 38 cent.; larg., 55 cent.

TEN-CATE

88 — *Paysage de Hollande (Schiedam), effet de neige.*

Signé à droite.

Toile. Haut., 35 cent. 1/2; larg., 50 cent. 1/2.

TEN-CATE

89 — *Canal à Overschie (Hollande).*

Signé à droite.

Toile. Haut., 55 cent.; larg., 46 cent.

TEN-CATE

90 — *La Mer houleuse à Katwyk.*

Signé à droite et daté : 1902.

Toile. Haut., 46 cent.; larg., 74 cent.

TEN-CATE

91 — *Rue de village à Auvers (Seine-et-Oise), effet de neige.*

Signé à droite et daté : *1904.*

Toile. Haut., 60 cent.; larg., 73 cent.

TEN-CATE

92 — *Canal en Hollande (Schiedam), effet de neige.*

Signé à droite et daté : *1905.*

Toile. Haut., 51 cent.; larg., 87 cent.

VOLLON
(ANTOINE)

93 — *Nature morte.*

Sur une table couverte d'une nappe blanche, un saladier de faïence contenant des prunes dont plusieurs sont répandues autour du saladier; à côté, une théière en argent, un verre plein et un vidrecome en cuivre ciselé et doré.

Signé à droite.

Toile. Haut., 27 cent.; larg., 35 cent.

ZIEM
(FÉLIX)

94 — *Le Pont Madame.*

A droite, une construction un peu délabrée avec des abris de toile au devant. Le long du rivage, une barque chargée qui s'avance lentement; puis la mer bleue avec des reflets argentés, baignant une côte étendue sur laquelle on aperçoit la silhouette de plusieurs habitations et monuments. Beau ciel très élevé aux nuages frangés d'argent.

Signé à droite.

Panneau. Haut., 27 cent. 1/2; larg., 43 cent. 1/2.

ZIEM
(FÉLIX)

95 — *La Voile jaune.*

Un grand bateau où se trouvent plusieurs pêcheurs, et dont les mâts soutiennent deux voiles, l'une brune et l'autre jaune, largement déployées, se dirige sur une mer calme et bleue vers un port qu'on aperçoit au loin. Il est suivi de plusieurs autres bateaux à voiles. Le long des quais, où sont assis des Orientaux, glissent et stationnent diverses embarcations. Grand ciel bleu et limpide avec quelques nuages légers, blancs et roses au bord de l'horizon.

Signé à gauche.

Panneau. Haut., 25 cent.; larg., 34 cent. 1/2.

ZIEM
(FÉLIX)

96 — *Stamboul (Constantinople).*

Un vaisseau à deux mâts, aux voiles déployées, se dirige vers la côte chargée de maisons et d'édifices; d'autres bateaux, portant de nombreux personnages, glissent sur la mer tranquille aux flots bleus et verts; sur l'ensemble, les lueurs jaunes d'un soleil couchant.

Signé à droite.

Panneau. Haut., 38 cent.; larg., 46 cent.

ZIEM
(FÉLIX)

97 — *La Chapelle Santa-Maria.*

En face de Venise, dont les quais, les habitations et monuments s'estompent au loin le long de la mer bleue, une vieille chapelle aux murs gris, vers laquelle se dirigent des gondoles chargées de passagers ; grand ciel bleu, légèrement nuageux.

Signé à gauche.

Panneau. Haut., 42 cent. 1/2; larg., 59 cent

ZIEM
(FÉLIX)

98 — *Environs de Venise.*

Dans une des îles qui avoisinent Venise, assis devant son chevalet, un peintre, qu'accompagnent deux dames élégamment vêtues et deux chiens au poil blanc, termine un paysage où est représenté un éclatant effet de soleil couchant. Une gondole, qui les ramènera à Venise, les attend sur la rive.

Signé à droite.

Toile. Haut., 44 cent.; larg., 68 cent. 1/2.

ZIEM
(FÉLIX)

99 — *Les Pécheurs.*

Au nombre d'une dizaine, vus de dos, marchant à demi dans l'eau, sur le sable, à marée basse, ils amènent un long filet près d'un bateau retenu par son ancre, et où d'autres pêcheurs les aident à ranger et à décharger leur filet, qui semble amplement rempli. Ciel jauni par les lueurs du couchant, avec des nuages gris qui flottent à l'horizon.

Signé à gauche.

Panneau. Haut., 53 cent.; larg., 74 cent. 1/2.

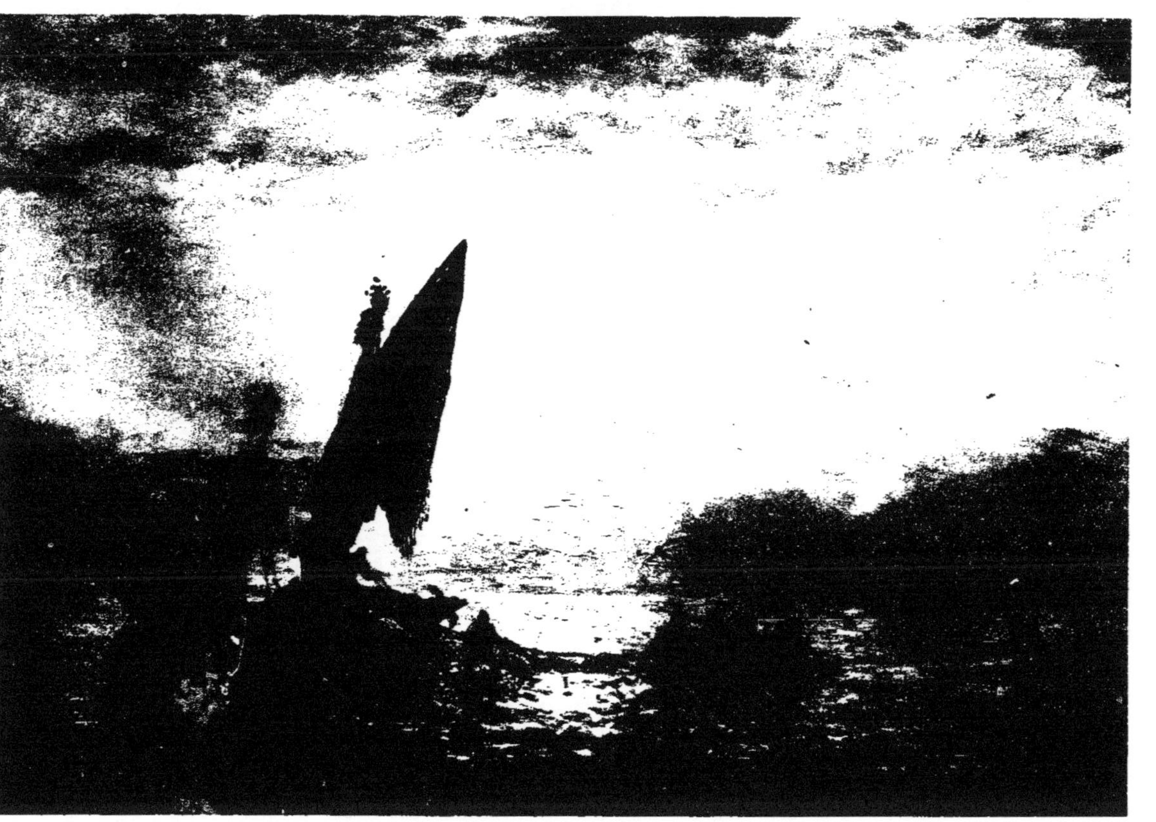

N.º 99. — Les Pêcheurs.

ZIEM
(FÉLIX)

100 — *Bragosi au mouillage.*

Grand bateau à deux mâts et à voiles, monté par des pêcheurs, sous un grand ciel doux et gris.

Signé à gauche.

Panneau. Haut., 42 cent. 1/2; larg., 74 cent. 1/2.

ZIEM
(FÉLIX)

101 — *Le Jardin français à Venise.*

An bas du grand escalier de pierre qui descend
vers la lagune, flanqué de deux murs supportant
chacun une rangée de balustres, deux dames debout
font des signes d'adieu à des amis assis dans des
barques se disposant à partir ; sur le ciel d'un bleu
intense se détachent les épaisses frondaisons aux
nuances variées des grands arbres du jardin.

Signé à gauche.

Toile. Haut., 54 cent.; larg., 69 cent.

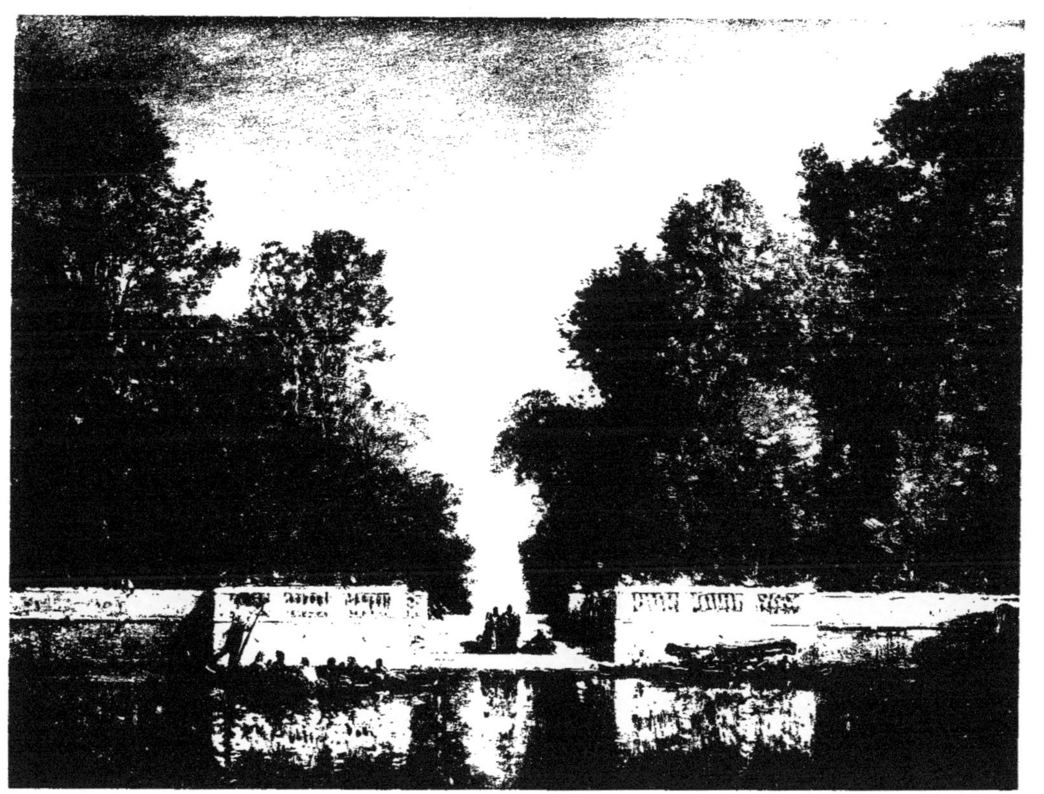

Nº 101. — Le Jardin Français, à Venise.

ZUBER
(HENRI)

102 — *Le Passé (Versailles).*

À l'un des angles de la pièce d'eau des Suisses,
la statue d'un fleuve assise sur un large piédestal
semble regarder mélancoliquement la ligne d'arbres,
dépouillés et jaunis par l'automne, qui se développe
devant lui.

Signé à gauche.

Toile. Haut., 48 cent. 1/2; larg., 65 cent.

Étude du Salon, 1898.)

ZUBER
(HENRI)

103 — *Le Printemps.*

Un ruisseau, dont les bords sont plantés de saules,
traverse une longue et verte prairie au bas d'une
colline d'un vert plus sombre. Ciel bleu où flottent
quelques nuages blancs.

Signé à droite.

Toile. Haut., 48 cent.; larg., 65 cent.

ZUBER
(HENRI)

104 — *Antibes.*

Au bord de la mer d'un bleu clair, entouré de plantations diverses et d'un bouquet d'arbres, un olivier, au tronc déchiré et aux branches tordues, se déploie en éventail sur le ciel bleu. En face, la ville et la montagne au pied de laquelle elle s'étend.

Signé à droite.

Toile. Haut., 46 cent.; larg., 65 cent.

ZUBER
(HENRI)

105 — *Marine.*

La mer, en s'étendant au loin, pousse de longues vagues vertes qu'argentent çà et là des flocons d'écume blanche ; ciel gris, noir, nuageux et mouvementé.

Signé à gauche.

Toile. Haut., 46 cent.; larg., 65 cent.

ZUBER
(HENRI)

106 — *Le Printemps sur l'Essonnes.*

Des peupliers et des saules bordent la rivière qui coule tranquille et bleue tout le long d'une colline ; des joncs et autres plantes aquatiques émergent de l'eau. Les premiers rayons de printemps éclairent et font verdir les arbres et les plantes où se voient encore les tons jaunes de l'automne.

Signé à droite.

Toile. Haut., 46 cent.; larg., 65 cent.

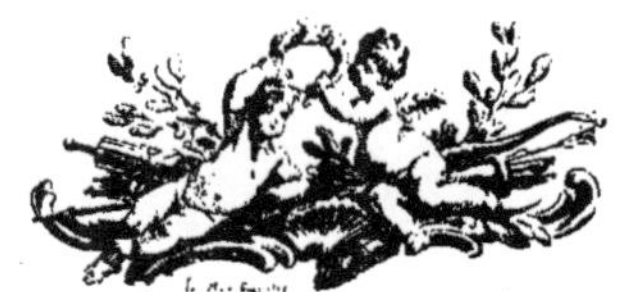